Kimberley ten Broeke

Ethik im Handel - als Chance oder Widerspruch für die Globalisierung

Bibliografische Information der Deutschen Nationalbibliothek:

Bibliografische Information der Deutschen Nationalbibliothek: Die Deutsche Bibliothek verzeichnet diese Publikation in der Deutschen Nationalbibliografie; detaillierte bibliografische Daten sind im Internet über http://dnb.d-nb.de/ abrufbar.

Copyright © 2014 Diplomica Verlag GmbH
Druck und Bindung: Books on Demand GmbH, Norderstedt Germany
ISBN: 978-3-95636-973-5

Kimberley ten Broeke

Ethik im Handel - als Chance oder Widerspruch für die Globalisierung

Diplom.de

Inhaltsverzeichnis

1 Einleitung

1.1 Problemstellung

In den letzten Jahrzehnten hat der grenzüberschreitende Handel ein starkes Wachstum erlebt, wodurch vor Allem der Begriff der Globalisierung maßgeblich geprägt wurde. Der Verbraucher hat durch den grenzüberschreitenden Handel die Möglichkeit erhalten Waren, die in Niedriglohnländern produziert wurden, kostengünstig im eigenen Land zu erwerben. Mit dem zunehmenden internationalen Handel und Angleichung der volkswirtschaftlichen Märkte rückten Arbeitsbedingungen stärker in den Fokus, da der Wunsch nach günstigen Waren und die teilweise sehr kritischen Arbeitsbedingungen zu einem Dilemma beim Verbraucher führten. Um diesem Dilemma entgegenzuwirken hat sich ein sogenannter ethischer Handel etabliert, welcher dem Verbraucher die Sicherheit gibt, dass Produkte ethisch vertretbar produziert werden. Bezüglich dieses Trends stellt sich jedoch die Frage, ob sich durch einen ethischen Handel die allgemeinen Arbeitsbedingungen verbessern lassen und inwieweit der westliche Verbraucher gewillt ist, die Mehrkosten hierfür zu tragen.

1.2 Zielsetzung

Die Zielsetzung dieser Arbeit ist eine differenzierte Betrachtung des ethischen Handels hinsichtlich der Chancen im Vergleich zum gewöhnlichen Handel. Es soll gezeigt werden, dass der ethische Handel ein sinnvoller Schritt in die richtige Richtung ist, jedoch unter den gegebenen Rahmenbedingungen nicht tragbar ist, um den momentanen globalen Handel zu beeinflussen.

1.3 Gang der Arbeit

Zu Beginn der Ausarbeitung werden die angewandten Fachtermini erläutert. Die nachfolgende Analyse befasst sich mit der Bedeutung ethischer Produkte im Verhältnis zum gesamten Marktumfeld. Hier werden weiterhin eine Differenzierung zwischen gewöhnlichen und ethischen Handel vorgenommen, die Zielgruppe für ethische Produkte beleuchtet sowie der politische Einfluss im Hinblick auf den ethischen Handel untersucht. Der theoretischen Erörterung folgt im Nachgang die Betrachtung eines realen Beispiels anhand des Fairphones, welches als ethisches Produkt auf dem Smartphone-Markt definiert wird. Die Arbeit schließt mit einem

Fazit, inwieweit der ethische Handel zur Verbesserung der weltweiten Arbeitsbedingungen führt und ob dieser als Chance für die Globalisierung zu verstehen ist.

2 Definitionen

2.1 Ethik

In dieser Arbeit wird der Begriff der philosophischen Ethik oder der Moralphilosophie betrachtet, die eine Lehre von Pflichten und Verboten ist.[1] „Seit ihren Anfängen, in der Sache schon bei Platon, ausdrücklich aber seit Aristoteles, sieht sie ihr Ziel nicht im Wissen, sondern im Handeln (Nikomanische Ethik I i, 1095a5 f.).“[2] Die philosophische Ethik bezeichnet man auch als praktische Philosophie, da sie sich mit dem menschlichen Handeln befasst und damit, was gutes oder schlechtes Handeln ausmacht. Gegenstand der Ethik ist die Moral.[3]

Die Ethik „... sucht nach spezifischen Gesichtspunkten, ..., wodurch sie erfahrungsgesättigt und lebensnah wird.“[4] Sie sagt nicht aus wie der Mensch handeln oder nicht handeln soll, da die Ethik dies in der Verantwortung und unter anderem in der Begabung des Handelnden überlässt.[5] Die Bestimmung von Gut und Böse muss von dem Handelnden somit mit individueller menschlicher Freiheit erfolgen. Hierzu befasst sie sich mit den Grundlagen menschlicher Werte und Normen, der allgemeinen Norm sowie des Sittlichen und stellt allgemeine Beurteilungspunkte bereit, das korrekte Tun und Lassen überlässt sie dem Handelnden.[6]

2.2 Handel

Handel im funktionellen Sinne bezeichnet die Beschaffung von ausschließlich oder überwiegend beweglichen Gütern zwischen Wirtschaftssubjekten um diese, ohne das diese dabei be- oder verarbeitet werden – von handelsüblichen Manipulationen abgesehen -, weiter zu veräußern.[7] Der Handel im funktionellen Sinne ist also der Vorgang an sich. Ein Wirtschaftssubjekt kauft somit ein Produkt ein und verkauft dieses sofort an ein anderes Wirtschaftssubjekt weiter, ohne irgendwas an dem eigentlichen Produkt verändert zu haben.

---

[1] Vgl. Höffe, O. (2013), S. 7.
[2] Höffe, O. (2013), S. 21.
[3] Vgl. Höffe, O. (2013), S. 11.
[4] Höffe, O. (2013), S. 36.
[5] Vgl. Höffe, O. (2013), S. 36.
[6] Vgl. Höffe, O. (2013), S. 37.
[7] Vgl. Müller-Hagedorn, L. et al. (2012), S. 35-37.

Handel kann ebenfalls im institutionellen Sinne betrachtet werden. Der Handel ist in dieser Betrachtung eine Institution – „… auch als Handelsunternehmung oder Handelsbetrieb bezeichnet, deren wirtschaftliche Tätigkeit ausschließlich oder überwiegend dem Handel im funktionellen Sinne zuzurechnen ist."[8] Das heißt, das Betriebe den Handel, also eine Veräußerung, von überwiegend oder ausschließlich beweglichen Gütern, ohne irgendwelche Veränderungen hieran vorzunehmen, als Ihre Haupttätigkeit, also in eigenem Namen und auf eigene Rechnung, vertreiben.

2.3 Globalisierung

Der Begriff der Globalisierung hat in den letzten Jahrzehnten zunehmend an Bedeutung gewonnen und ist in fast allen Bereichen unseres Lebens zu finden, wie z.B. in der Politik, der Kultur, der Umwelt, der Kommunikation sowie der Wirtschaft. Zu der Frage, was Globalisierung genau ist und wie es definiert wird, gibt es unzählige Literatur mit Definitionen welche alle Möglichkeiten für Interpretationen offen halten.[9] Letztendlich kommen alle zu dem Schluss, dass es sich bei der Globalisierung um eine grenzüberschreitende Verflechtung von Aktivitäten und Märkten handelt. So beschreibt Noll den Begriff der Globalisierung als eine „… Zunahme, Verdichtung und Beschleunigung grenzüberschreitender, zunehmend weltweiter Interaktionen."[10] Da Abhängigkeiten und Zugehörigkeiten global vernetzt sind, gibt es nur noch wenige Möglichkeiten Dinge national zu betrachten.[11]

Der Begriff der wirtschaftlichen Globalisierung wird als Integration der Märkte angesehen. Bhagwati definiert die Globalisierung weitergehend als „Integration einzelner Volkswirtschaften in die internationale Wirtschaft durch Handel, Auslandsdirektinvestitionen (von Unternehmen und multinationalen Konzernen), kurzfristige Kapitalströme, grenzüberschreitende Wanderungsbewegungen (nicht nur) von Arbeitskräften sowie durch Verbreitung von Technologie."[12]

---

[8] Müller-Hagedorn, L. et al (2012), S. 40.
[9] Vgl. Osterhammel, J., Petersson, N. (2007), S. 7.
[10] Noll, B. (2010), S. 285.
[11] Vgl. Bhagwati, J. (2008), S. 26.
[12] Bhagwati, J. (2008), S. 25.

3 Stellung ethischer Produkte im Gesamtmarkt

3.1 Differenzierung ethischer und gewöhnlicher Handel

Um eine Differenzierung zwischen dem gewöhnlichen und ethischen Handel vorzunehmen, muss zuerst erläutert werden was Handel und Ethik ist.

Die Definition des Wortes Handel in dem vorangehenden Kapital besagte, dass Handel ein Einkauf von beweglichen Gütern ist und Veräußerung nach sich zieht, ohne dass diese Güter be- oder verarbeitet werden.[13] Ethik ist die Bewertung des menschlichen Handelns nach Gut oder Böse.[14]

Aufgrund des zunehmenden internationalen und grenzüberschreitenden Handels bleiben internationale Ordnungsprobleme wie Armut und Hunger, organisierte Kriminalität und Menschenhandel oder fehlender Menschenrechtsschutz ungelöst. Weitere Probleme wie die globale Umweltbelastung und Korruption kommen hinzu und grundlegende Defizite beim Arbeitsschutz werden verstärkt.[15] Hier setzt der ethische Handel an.

Ethischer Handel ist demnach der Einkauf von Gütern nach moralischen Aspekten. Die ethische Bewertung dieser Tätigkeiten erfolgt nach Kategorien wie: Richtig oder Falsch, Gut oder Böse. Im Handel muss also die Liefer- und Wertschöpfungskette unter moralischen Aspekten betrachtet werden.[16] Wie der ethische Handel aussehen und nach welchen Prinzipien dies bewertet werden soll, muss von jedem Unternehmen selbst bestimmt werden und hängt davon ab, wie nachhaltig Unternehmen ihren Handel betreiben wollen.[17] Die Vermeidung von Kinderarbeit, eine gerechte Lohnstruktur sowie menschenwürdige Arbeitsbedingungen in den Herstellerbetrieben Ihrer Zulieferer können beispielsweise Prinzipien der Handelsbetriebe sein.

Verschiedenste Unternehmen haben einen sogenannten Verhaltenskodex eingeführt in dem sie ihre Ansprüche an ethischen Handel oder auch ihre Prinzipien des Handels festhalten.[18] Die Zulieferer haben bei Auftragsannahme die Verpflichtung sich an den Verhaltenskodex zu halten. Das beauftragende Unternehmen ist danach auch berechtigt Kontrollen über die Einhaltung der Richtlinien durchzuführen. Ein Beispiel hierfür ist das Textilunternehmen Primark. Die Textilindustrie steht in

---

[13] Vgl. Müller-Hagedorn, L. et al. (2012), S. 35-37.
[14] Vgl. Höffe, O. (2013), S. 37.
[15] Vgl. Van Treeck, T. (2013), S. 22 – 27.
[16] Vgl. Stückelberger, C. (2001), S. 32.
[17] Vgl. http://www.bmz.de/de/was_wir_machen/themen/...
[18] Vgl. http://www.coc-runder-tisch.de/index.php/...

den letzten Jahren zunehmend in der Kritik die Arbeitnehmer bei den Herstellerbe-trieben durch menschenunwürdige Arbeitsbedingungen, eine sehr niedrige Lohn-struktur und Kinderarbeit auszunutzen. Diese Kritik nimmt Primark ernst und hat daher einen Verhaltenskodex für seine Lieferanten eingeführt. In diesem definiert Primark, dass Zwangsarbeit, Kinderarbeit, Bestechung sowie Korruption nicht er-laubt ist. Weiterhin sind sichere und hygienische Arbeitsbedingungen, Zahlung von existenzsichernden Löhnen und eine Bereitstellung von regelmäßiger Arbeit zu gewährleisten.[19] Das Unternehmen überprüft die Einhaltung Ihrer Normen, in den Werken der Zulieferer, durch persönliche Begehungen und Inspektionen. Im Jahr 2013 hat Primark, nach eigenen Angaben, 2058 Produktionsstätten kontrolliert.[20] Sollte festgestellt werden, dass die Lieferanten den Verhaltenskodex nicht befol-gen, so behält sich Primark das Recht vor, die Geschäftsbeziehungen zu been-den.[21]

Der „gewöhnliche Handel" hingegen reglementiert die Lieferanten nicht durch Vor-gaben, die dem Wohl der Mitarbeiter dienen. Daher wird bei dieser Form des Han-dels, also dem Einkauf und die Veräußerung von nicht be- oder verarbeiteten Gü-tern, der moralische Aspekt hinter den Gedanken der Profitoptimierung gestellt. Es wird keine Beurteilung nach Gut oder Böse, Richtig oder Falsch vorgenommen.[22]

3.2 Entwicklung des Abnehmerkreises

In einer Trendstudie der Otto Group wurde im Jahr 2007 der Begriff des ethischen Konsums von Konsumenten als Kauf von Produkten und Marken, die sich sozial und ökologischen engagieren, definiert.[23]
Im Auftrag der Otto Group, führt die Trendbüro GmbH bereits seit 2007 Verbrau-cherumfragen zum Thema der Konsumethik durch und hat im Jahr 2013 die 4. Trendstudie hierzu veröffentlicht. Aus dieser ist zu entnehmen, dass der ethische Konsum in der Mitte der heutigen Gesellschaft angekommen und nicht mehr nur auf Bio-Produkte zu begrenzen ist. In der 2013 veröffentlichten Studie, gaben 92 % der Befragten an, dass ethischer Konsum für sie bedeutet, Produkte zu kaufen, bei deren Herstellung auf menschenwürdige Arbeitsbedingungen geachtet wird.[24] Mehr als die Hälfte der Befragten, genau genommen 56 %, gab an, dass sie häufig

---

[19] Vgl. http://www.primark.com/de/unsere-ethik/workplace-rights/...
[20] Vgl. http://www.primark.com/de/unsere-ethik
[21] Vgl. http://www.primark.com/de/unsere-ethik/workplace-rights/...
[22] Vgl. Müller-Hagedorn, L. et al. (2012), S. 35-37.
[23] Vgl. Trendbüro GmbH, (2007), S. 18.
[24] Vgl. Trendbüro GmbH, (2013), S. 15.

ethisch korrekt hergestellte Produkte kaufen. Im Vergleich hierzu waren es in den vorangehenden Studien im Jahr 2011 41% und im Jahr 2009 nur 26%.[25] Der Grund hierfür ist vor Allem der, dass die Mehrheit der Konsumenten in dem Kauf ethischer Produkte einen Anstieg ihrer eigenen Lebensqualität sieht. 83% der Befragten gaben an, dass die Konsumethik die Möglichkeit bietet, die Lebensqualität anderer Menschen (Tiere) zu erhöhen.[26] Die Bewertung des Konsums zu ethischen oder moralischen Aspekten ist also in der Gesellschaft vertreten, jedoch bleibt dies noch immer ein Wohlstandsphänomen. In der Studie heißt es „Ethische Produkte muss man nicht nur wollen, man muss sie sich auch leisten können ..."[27], denn für 40% der Befragten sind ethische Produkte immer noch zu teuer. Dies zeigt sich vor allem daran, dass 65% der Befragten in einem Haushalt mit einem Monatseinkommen von bis zu 1.500€ angeben, dass ethisch hergestellte Produkte für sie zu teuer sind, bei einem Haushalt mit einem Monatseinkommen von 3000€ und mehr sind es noch 25%.[28] „Der Preis mag zwar nicht mehr das allein entscheidende Kaufkriterium sein, aber er spielt für viele immer noch eine große Rolle."[29]

3.3 Einfluss der Politik zur Stärkung des ethischen Handels

In der Trendstudie zum ethischen Konsum gab jeder 4. Befragte an, dass sie vor Allem die Politik in der Verantwortung sehen, ethischen Konsum attraktiver zu machen.[30] Auf europäischer und internationaler Ebene werden die politischen Aktivitäten im Hinblick auf Handel in Brüssel koordiniert. Um ethisch und fair gehandelte Produkte kenntlich zu machen, forderte die europäischen Kommission in ihrer Mitteilung 1999, ein einheitliches Gütezeichen und eine unabhängige Überprüfung und Kontrolle, worauf die Europäische Union mit einem Fair-Trade-Gütesiegel reagierte. Des Weiteren unterstützen die Staaten in Europa verschiedenste handelsbezogene Nachhaltigkeitsinitiativen wie zum Beispiel die Ethical Trading Initiative (ETI). Solche Initiativen verwenden zur Bewertung oder Sicherung der Nachhaltigkeit einen Kriterienkatalog.[31] Darüber hinaus unterstützen einige Verordnungen des Au-

[25] Vgl. Trendbüro GmbH, (2013), S. 12.
[26] Vgl. Trendbüro GmbH, (2013), S. 27.
[27] Trendbüro GmbH, (2013), S. 21.
[28] Vgl. Trendbüro GmbH (2013), S. 21.
[29] Trendbüro GmbH, (2013), S. 21.
[30] Vgl. Trendbüro GmbH, (2013), S. 8.
[31] Vgl. http://eur-lex.europa.eu/legal-content/...

ßenhandels in der Europäischen Union „ … Waren aus fairem Handel, indem sie diesen den Zugang zum Binnenmarkt erleichtern."[32]

In Deutschland unterstützt das Bundesministerium für wirtschaftliche Zusammenarbeit und Entwicklung (BMZ) den ethischen oder fairen Handel unter anderem durch Informationskampagnen.[33] Darüber hinaus unterstützt das BMZ den Global Compact (GC).

Der Global Compact ist eine Initiative der Vereinten Nationen für Unternehmen, die bereit sind ihre Geschäftstätigkeit an den Prinzipien des Global Compact zu richten.[34] Diese Prinzipien stammen aus den „… Bereichen Menschenrechte, Arbeitsnormen, Umweltschutz und Korruptionsbekämpfung."[35]

4 Ethischer Handel am Beispiel des Smartphone Marktes und das Fairphone

4.1 Das Smartphone und der Smartphone-Markt

Ein Smartphone ist ein Mobiltelefon mit erweitertem Funktionsumfang, welcher über die Grundlagen des Telefonierens und sms (short message service) versenden hinausgeht. Smartphones zeichnen sich durch einen schnellen Zugang zum mobilen Internet, ein Touchscreen sowie weitere Zusatzdienste, wie Email (Electronic Email), Terminkalender und eine Kamerafunktion aus. Im Gegensatz zu Mobiltelefonen laufen Smartphones auf eigenständige Betriebssysteme, welche heute durch Googles Android und Apples iOS dominiert werden. Diese bieten den Benutzern wie auf einem PC die Möglichkeit individuelle Applikationen zu installieren.

Das erste Smartphone wurde von IBM und Bellsouth entwickelt und im Jahre 1994 bis 1995 als *Personal Computer* mit dem Namen *Simon* vertrieben.[36] Mobiltelefone waren bis zum Jahr 2007 in den meisten Fällen mit Hardware-Tastaturen ausgestattet. Erst mit Einführung des Iphones im Jahr 2007, welches erstmals eine Multitouch-Bedienoberfläche hatte, kam ein Wendepunkt im Smartphone-Markt zu-

---

[32] http://europa.eu/legislation_summaries/...
[33] Vgl. http://www.csr-in-deutschland.de/...
[34] Vgl. http://www.unglobalcompact.org/Languages/german/index.html
[35] http://www.unglobalcompact.org/...
[36] Vgl. http://www.businessweek.com/articles/2012-06-29/...

stande. Mit dem Fairphone kam Ende 2013 das erste ethisch korrekt hergestellte Smartphone auf den Markt.[37]

Der Smartphone-Markt setzt sich nicht nur aus den Herstellern der mobilen Endgeräte zusammen sondern auch aus den Mobilfunkanbietern und den Entwicklern der Betriebssysteme für Smartphones. Der Absatz der Smartphones hat sich in den letzten Jahren rasant entwickelt. Im deutschen Markt lag der Absatz von Smartphones im Jahr 2010 bei 4,558 Millionen Stück und erfuhr einen Anstieg von 112,2% auf 9,67 Millionen Stück zum Jahr 2011. Der Absatz von konventionellen Mobiltelefonen sank hingegen im selben Zeitraum um 6,7%.[38] Laut der Studie vom IDC verschifften die Hersteller von Smartphones im Jahr 2012 weltweit 712,6 Millionen Stück welches ein Anstieg von 44,1% zum Vorjahr bedeutete. Neben den größten Smartphone-Herstellern wie Samsung, Apple, Huawei, Sony und ZTE profitierte die gesamte Smartphone Branche von der steigenden Nachfrage nach Smartphones.[39]

4.2 Das Fairphone

Die Arbeitsbedingungen bei den Herstellerbetrieben von Smartphones und Mobiltelefonen standen in den vergangenen Jahren immer mehr in der Kritik. Ein prominenter Fall im Jahr 2013 war Apple, welches aufgrund der Arbeitsbedingungen im Herstellerbetrieb *Foxconn* in die Schlagzeilen kam.[40] Für die Herstellung von Mobiltelefonen werden viele Metalle und Mineralien verwendet, wie zum Beispiel das Erz Coltan. Dieser wichtige Grundstoff zur Herstellung wird vor allem aus Minen in der Demokratischen Republik Kongo gewonnen.[41] Die Kontrolle über die Minen, aus welchen die Rohstoffe gewonnen werden, liegt in vielen Fällen in den Händen von afrikanischen Diktatoren, bzw. so genannten Warlords, welche die Gewinne aus der Förderung für die Finanzierung von Bürgerkriegen verwenden.[42]

Im Jahr 2010 startete das Unternehmen Fairphone eine Kampagne um auf die Missstände bei den sogenannten Konfliktmineralien und die Bürgerkriege, die sie damit antreiben, aufmerksam zu machen.[43] Gleichzeitig diente diese Kampagne

---

[37] Vgl. https://www.fairphone.com
[38] Vgl. http://www.bvt-ev.de/bvt_cm/der_markt/downloads/CEMIX_Q1-Q3_2011.pdf
[39] Vgl. http://www.idc.com/getdoc.jsp?containerId=prUS23916413#.UQKaUPKH98F
[40] Vgl. http://www.sueddeutsche.de/wirtschaft/...
[41] Vgl. http://www.sueddeutsche.de/wissen/...
[42] Vgl. http://www.pm-magazin.de/a/unseren-handys-klebt-blut
[43] Vgl. https://www.fairphone.com

dazu, transparentere Lieferketten zu fordern und der Gesellschaft die sozialen und ökologischen Auswirkungen ins Bewusstsein zu bringen.

Es entstand daraufhin die Idee ein Fairphone zu entwickeln, welches ein Smartphone ist, das nach korrekten ethischen Werten in der ganzen Lieferkette hergestellt werden soll. 3 Jahre nach der ersten Kampagne wurde dann das Unternehmen Fairphone B.V. mit Sitz in den Niederlanden gegründet. Schon kurz darauf, im Mai 2013, wurde dem Verbraucher die Möglichkeit gegeben das erste Mal ein Fairphone vorzubestellen.[44] Die erste Charge in Höhe von 25.000 Stück war im November 2013 ausverkauft.[45] Für das Jahr 2014 kündigte das Unternehmen eine weitere Charge Fairphones an, welche zum Stand 19.07.2014 zu 50% verkauft wurde (17.700 von 35.000 Fairphones). Das Fairphone wird zu einem Preis von 310,00€ angeboten. Den Absatzmarkt hat das Unternehmen jedoch nur auf Europa beschränkt.[46]

Technisch ist das 2014er Fairphone mit einem kratzresistenten Dragontrail Glas, einer 8 Megapixel + 1,3 Megapixel Rück- und Frontkamera für Fotos und Videotelefonie, einem 4,3 Zoll großes Touchscreen und dem Android Betriebssystem ausgestattet. Desweiterem verfügt das Fairphone über eine MicroSD, einem 16GB internen Speicher, einem Quad-core Prozessor und einer DualSim, welches dem Nutzer die Möglichkeit gibt zwei Sim-Karten in seinem Fairphone zu platzieren. Zum Lieferfang gehört jedoch kein Ladegerät.[47]

Im Vergleich zu anderen Smartphones stellt sich das Fairphone technisch als ein Mittelklasse-Smartphone heraus und liegt demnach auch preislich über vergleichbare Smartphones.[48]

4.3 Ethischer Handel beim Fairphone

Das Unternehmen Fairphone B.V. legt hohen Wert auf Transparenz bei der Lieferkette und den Arbeitsbedingungen bei den Herstellerbetrieben und unterteilt den ethischen Handel bei ihnen in 5 Kategorien: Bergbau, Design, Produktion, Lebenszyklus und social entrepeneurship (soziales Unternehmertum).[49]

Im Bereich des Bergbaus konzentriert sich Fairphone darauf konfliktfreie Mineralien einzukaufen und zwar aus den Zonen, die davon am meisten geprägt sind, wie

---

[44] Vgl. https://fairphone.zendesk.com/...
[45] Vgl. https://www.fairphone.com/wp-content/...
[46] Vgl. http://shop.fairphone.com/
[47] Vgl. https://www.fairphone.com/fairphone/
[48] Vgl. http://www.zeit.de/digital/mobil/...
[49] Vgl. https://www.fairphone.com/

zum Bespiel die Demokratische Republik Kongo. Ziel ist es, möglichst viele Bergwerke in die Lieferkette aufzunehmen um auch die Beschäftigung in den kleinen Bergwerken zu steigern. Es werden Partnerschaften mit Initiativen eingegangen, um Mineralien zu ihrem Beginn zurückverfolgen zu können. Darüber hinaus soll das Bewusstsein der Industrie und der Kunden im Hinblick auf die Umstände um den Bergbau und die möglichen Alternativen verstärkt werden.[50]

Die zweite Kategorie ist das Design, womit Fairphone die Beziehung der Konsumenten zu ihrem Smartphone ändern möchte, da die Bevölkerung Elektronik heute als halbe Einwegartikel sieht. Smartphones bleiben nur so lange im Gebrauch bis es etwas Besseres auf dem Markt gibt. Nach Fairphone B.V. ist dies dem ist schnellen technologischen Fortschritt zu verschulden. Somit hat sich Fairphone unteranderem die Langlebigkeit der Mobiltelefone als Ziel gesetzt. Der Kauf von Ersatzteilen und Steigerung der Nachrüstbarkeit machen dies möglich. Um ihre Bemühungen bei der Wertschöpfungskette greifbar zu machen, halten sie ihren Designprozess transparent.[51]

Bei der Auswahl der Produktionspartner entschied sich das Unternehmen, sich auf die Regionen zu fokussieren, in denen die Elektroniklieferkette am meisten aktiv ist, um dort positive Einflüsse zu kreieren. Sie wollen die Arbeitsbedingungen in den Herstellerbetrieben und das Mitspracherecht der Arbeitnehmer bei dem Entscheidungsprozess andauernd verbessern. Das Unternehmen wählt ihre Fertigungspartner danach aus ob diese den Willen besitzen an den sozialen- und umweltbedingten Arbeitsbedingungen zu arbeiten und offen gegenüber einer Transparenz ihrer Aktivitäten sind. Daraufhin führt Fairphone B.V. regelmäßige Begutachtungen bei den Produktionspartnern durch um Stellen die Verbesserungen benötigen zu identifizieren.[52]

Jedes Jahr werden Millionen Mobiltelefone entsorgt, weil sie nicht zur dauerhaften Nutzung hergestellt werden, gepaart mit dem Verlangen der Konsumenten Ihre Mobiltelefone ständig zu verbessern. Wenige, dieser ausrangierten Mobiltelefonen, werden ordnungsgemäß recycelt. Im diesem Bereich des Lebenszyklus hat sich das Unternehmen vorgenommen, das Fairphone so zu designen, dass eine Wiederverwendung möglich ist. Dies wird dadurch ermöglicht, dass die Konsumenten die Möglichkeit haben Ersatzteile zu kaufen, um defekte Geräte selber zu reparie-

---

[50] Vgl. https://www.fairphone.com/roadmap/mining
[51] Vgl. https://www.fairphone.com/roadmap/design
[52] Vgl. https://www.fairphone.com/roadmap/manufacturing

ren. Darüber hinaus begründen und unterstützen sie diverse Initiativen zum sicheren recyceln.[53]

Bei der letzten Kategorie des sozialen Unternehmertums macht das Unternehmen die gesamte Wertschöpfungskette und ihre Prozesse transparent und eröffnet Diskussionen darüber was es bedeutet fair zu sein. Dem Kunden werden hierzu Dokumente zur Verfügung gestellt, welche eine Liste der Lieferanten, eine Beschreibung der Arbeitsschritte und eine Kostenübersicht beinhaltet.[54]

4.4 Marktakzeptanz von ethischen Produkten im Smartphonesegment

Laut der IDC (International Data Corporation) wurden in dem Jahr 2013 erstmals mehr als eine Milliarde Smartphones ausgeliefert. Die 1.004,2 Millionen ausgelieferten Smartphones bedeuteten einen Anstieg von 38.4% im Vergleich zum Vorjahr 2012. Den größten Marktanteil an ausgelieferten Smartphones hat das Unternehmen Samsung mit einer Stückzahl von 313,9 Millionen im Jahr 2013, was zu einem Marktanteil von 31,3% führt. Als zweites ist das Unternehmen Apple mit dem Iphone zu erwähnen, welches einen Marktanteil von 15,1% aufweist.[55] Nehmen wir die insgesamt ausgelieferten 1.004,2 Millionen Smartphones und die 25.000 ausgelieferten Fairphones, so lässt sich einen weltweiten Marktanteil von 0,000248% errechnen.

Trotz des geringen Marktanteils ist zu beachten, dass das Thema des ethischen Handels in der heutigen Gesellschaft und in der Industrie eine zunehmend größere Bedeutung spielt. Dies zeigt auch eine Studie, welche von Rank a Bank e.V. im Juni 2014 durchgeführt wurde, zur Darbietung der Transparenz und Nachhaltigkeit der 20 größten Elektronikunternehmen. Hierbei hat das Fairphone im Vergleich zu den restlichen Elektronikunternehmen in dem Gesamtranking und in den getesteten Kategorien des Klimaschutzes, der Ökologie und der Arbeitsbedingungen der Produktion als nachhaltigstes Unternehmen abgeschnitten. Die Ergebnisse der Studie *wie nachhaltig ist das Fairphone* der Deutsche Umwelthilfe e.V. die die Industrie zu den Initiativen der Fairphone B.V. befragte zeigte, dass diese als „.. richtungsweisend und unterstützenswert .." betrachtet werden.[56]

---

[53] Vgl. https://www.fairphone.com/roadmap/lifecycle
[54] Vgl. https://www.fairphone.com/roadmap/social-entrepreneuership
[55] Vgl. http://www.idc.com/getdoc.jsp?containerId=prUS24645514
[56] Vgl. Leonhardt, E., (2014), S. 11.

5 Fazit

Ethischer Handel spielt in der westlichen Welt eine bedeutende Rolle. Die Akzeptanz des ethischen Handels hängt jedoch von verschiedenen Faktoren ab. Neben dem Einkommen der Verbraucher, welches den Konsum teurer ethischer Produkte beeinflusst, spielt insbesondere auch die Warengruppe eine wichtige Rolle.

Der Verbraucher ist heute gewillt bei Produkten, wie bspw. Kleidung mehr Geld zu investieren, um ein ethisches Produkt zu erwerben. Im Hightech Segment der Smartphones spielt die technische Ausstattung und der Preis jedoch eine bedeutendere Rolle, so dass die Akzeptanz im Verhältnis zum Gesamtmarkt verschwindend gering ist.

Insgesamt bietet der ethische Handel eine Chance für die Verbesserung der Arbeitsbedingungen armer Produktionsländer kann aber nicht in allen Produktbereichen angewendet werden. Der höhere Produktionspreis der Produkte führt dazu, dass der Boom des ethischen Handels nur durch eine finanziell besser gestellte, bzw. durch Individualisten getriebene Verbrauchergruppe entsteht. Die Nachfrage nach günstigen und unethisch produzierten Gütern wird weiterhin durch die Vielzahl an finanzschwachen Konsumenten getrieben. Dennoch ist die Ethik im Handel als Chance für die Globalisierung zu sehen.

Literaturverzeichnis

Buchquellen

Bhagwati, J. (2008): Verteidigung der Globalisierung, München, Pantheon Verlag, 2008

Höffe, O. (2013): Ethik; eine Einführung, München: C.H.Beck oHG, 2013

Müller-Hagedorn, L., W. Toporowski, und S. Zielke. (2012): Der Handel, 2. Aufl. Stuttgart, W. Kohlhammer GmbH, 2012

Noll, B. (2010): Grundriss der Wirtschaftsethik: von der Stammesmoral zur Ethik der Globalisierung, Stuttgart, W. Kohlhammer GmbH, 2010

Osterhammel, J., N. Petersson. (2007): Geschichte der Globalisierung: Dimensionen, Prozesse, Epochen, Aufl. 5., München, C.H.Beck oHG, 2007

Stückelberger, C. (2001): Ethischer Welthandel: eine Übersicht, Bern u.a., Haupt Verlag, 2001

Studien

Leonhardt, E. (2014): wie nachhaltig ist das Fairphone?, Berlin, deutche Umwelthilfe e.V., 2014

Trendbüro GmbH., o.V. (2007): Konsum-Ethik 2007, Hamburg, Otto (GmbH & Co KG), 2007

Trendbüro GmbH., o.V. (2013): Lebensqualität: Konsumethik zwischen persönlichem Vorteil und sozialier Verantwortung, Hamburg, Otto (GmbH & Co KG), 2013

Zeitungsartikel

Van Treeck, T. (2013): Globale Ungleichgewichte im Außenhandel und der deutsche Exportüberschuss, in: Aus Politik und Zeitgeschichte, 64. Jg., S. 22-27

Internetquellen

http://www.csr-in-deutschland.de/csr-in-deutschland/aktivitaeten-der-
bundesregierung/bmz/fairer-handel.html
Abrufdatum: 20. Juli 2014

http://www.bvt-ev.de/bvt_cm/der_markt/downloads/CEMIX_Q1-Q3_2011.pdf
Abrufdatum: 19. Juli 2014

http://eur-lex.europa.eu/legal-
content/DE/TXT/PDF/?uri=CELEX:52009DC0215&from=DE.

Abrufdatum: 19. Juli 2014

http://europa.eu/legislation_summaries/external_trade/r12508_de.htm
Abrufdatum: 20. Juli 2014

https://www.fairphone.com
Abrufdatum: 17. Juli 2014

https://www.fairphone.com/roadmap/mining/
Abrufdatum: 17. Juli 2014

https://www.fairphone.com/roadmap/design/
Abrufdatum: 17. Juli 2014

https://www.fairphone.com/roadmap/manufacturing/
Abrufdatum: 17. Juli 2014

https://www.fairphone.com/roadmap/lifecycle/
Abrufdatum: 17. Juli 2014

https://fairphone.zendesk.com/hc/en-us/articles/201313943-How-and-when-did-Fairphone-start-

Abrufdatum: 17. Juli 2014

https://www.fairphone.com/roadmap/social-entrepreneurship/

Abrufdatum: 17. Juli 2014

http://shop.fairphone.com/

Abrufdatum: 17. Juli 2014

http://www.fairphone.com/fairphone/

Abrufdatum: 17. Juli 2014

https://www.fairphone.com/wp-content/uploads/2013/12/DEC-2013_FirstFairphonesdeliveredjustintimeforChristmas.pdf

Abrufdatum: 17. Juli 2014

http://www.sueddeutsche.de/wirtschaft/miserable-arbeitsbedingungen-in-china-aufstand-gegen-foxconn-1.1778899

Abrufdatum: 18. Juli 2014

http://www.idc.com/getdoc.jsp?containerId=prUS23916413#.UQKaUPKH98F

Abrufdatum: 19. Juli 2014

http://www.golem.de/0605/45350.html

Abrufdatum: 19. Juli 2014

http://www.primark.com/de/unsere-ethik

Abrufdatum: 20. Juli 2014

http://www.pm-magazin.de/a/unseren-handys-klebt-blut

Abrufdatum: 18. Juli 2014

http://www.businessweek.com/articles/2012-06-29/before-iphone-and-android-came-simon-the-first-smartphone

Abrufdatum: 17. Juli 2014

http://www.unglobalcompact.org/Languages/german/die_zehn_prinzipien.html

Abrufdatum: 20. Juli 2014

http://www.sueddeutsche.de/wissen/kampf-ums-coltan-das-blut-am-handy-1.170029

Abrufdatum: 18. Juli 2014

http://www.primark.com/de/unsere-ethik/workplace-rights/code-of-conduct

Abrufdatum: 19. Juli 2014

http://www.bmz.de/de/was_wir_machen/themen/wirtschaft/Unternehmerische_Verantwortung/sozialstandards/verhaltenskodizes/index.html

Abrufdatum: 19. Juli 2014

http://www.coc-runder-tisch.de/index.php/ueber-den-runden-tisch/mitglieder

Abrufdatum: 19. Juli 2014

http://www.zeit.de/digital/mobil/2014-01/fairphone-test-benchmark/komplettansicht

Abrufdatum: 19. Juli 2014